Wien

lieben lernen

Der perfekte Reiseführer für einen unvergessli-
chen Aufenthalt in Wien inkl. Insider-Tipps und
Packliste

Yvonne Althaus

✈ INHALT

Das erwartet Sie in diesem Buch

Wien. Die historische Stadt an der Donau. Natürlich ist Wien nicht New York oder Bangkok., in puncto Städtetrips aber ein absolutes Muss! Denn Wien hat viel mehr zu bieten als das bekannte Schnitzel, klassische Musik und historische Bauwerke. Wie wäre es denn zum Beispiel mit einer der berühmten Kutschfahrten durch die historische Altstadt? Einer Bootsfahrt auf der Donau? Oder einem Stück Sachertorte in 160 m Höhe? Wenn Sie Fan der Habsburger und insbesondere von Kaiserin Sisi sind, kommen Sie auch hier auf Ihre Kosten. In Wien bekommen Sie das komplette Kaiserinnen-Paket. Mehr Sisi geht kaum. Auch die Gemächer der Reichen und Schönen lassen sich bewundern. Mit insgesamt 30 Schlössern und Burgen lässt sich Wien nicht lumpen. Wenn Sie Kunst und Kultur begeistert sind, ist Wien mit seinen zahlreichen und namhaften Museen genau das Richtige. Dieses Buch nimmt Sie mit auf eine Reise durch die österreichische Landeshauptstadt. Lernen Sie die Donaustadt kennen und lieben. Erleben Sie einen völlig neuen Blickwinkel auf die Metropole. Neben den Top-Sehenswürdigkeiten Wiens gibt Ihnen dieses Buch auch Hinweise zu Ihrer Reise und wertvolle Spar-Tipps, die Ihren Geldbeutel schonen. Auch kulinarisch gibt es einiges zu entdecken. Tauchen Sie ein in die Genuss-Welt der Wiener Küche. Wie bereitet man eigentlich das perfekte Wiener Schnitzel zu? Und woher kommt noch mal die Sachertorte? Lassen Sie sich auf das Abenteuer ein. Sie werden es nicht bereuen!

Wien – Jetzt. Für immer

WARUM EIGENTLICH WIEN?

Kennen Sie das? Sie sitzen mit Freunden zusammen, unterhalten sich mit Ihren Kollegen in der Mittagspause oder sind im Smalltalk mit einem Nachbarn vertieft, der wieder im Garten die Blumen bewässert. Fast immer kommt dabei die Frage auf: „Und wo macht ihr dieses Jahr Urlaub?". Meistens handelt es sich bei den darauffolgenden Antworten um die üblichen Verdächtigen: Malediven, New York, Dubai oder Istanbul. Die Liste begehrter Reiseziele ist lang. Zu den Top-Drei der beliebtesten Reiseziele weltweit gehören nach wie vor ungeschlagen Bangkok, Paris und London. Genau das Richtige, um das ständige Fernweh zu befriedigen, dass uns wie ein Schleier umgibt und uns im Alltag oder an kalten Regentagen immer wieder packt. Diese Städte sind aufregend, sexy, geheimnisvolle Fremde, die uns mit allen Sinnen verführen. Im Vergleich hierzu klingt die Antwort: „Wir fahren dieses Jahr nach Wien" doch ein wenig dröge, oder? Wien. Wie das schon klingt. Viel zu Deutsch, viel zu nah. Was hat Wien denn zu bieten, außer Mozart und Schnitzel? Diese Frage lässt sich sehr leicht beantworten, nämlich enorm viel! Wien ist eine historische Stadt, die vor Kultur, gutem Essen und besonderen Erlebnissen nur so strotzt. Also wieso dieses Jahr nicht einfach mal für eine Woche nach Wien fahren? Sie sind noch skeptisch? Geben Sie der Stadt an der Donau eine Chance. Es lohnt sich! Versprochen.

DAS ZEICHNET WIEN AUS

Wien – Jetzt. Für immer. Mit diesem Slogan wirbt die österreichische Hauptstadt für Touristen aus aller Welt. Manchmal könnte man glatt vergessen, dass es sich um eine Metropole handelt, die knapp an der 2 Millionen Einwohnergrenze kratzt. In Wien ist alles ein bisschen gemütlicher, stressfreier eben. Die Hektik und die Eile, die sich meistens durch unsere deutschen Großstädte ziehen, sucht man in Wien vergebens. Die Gelassenheit färbt auch auf die Menschen ab. Alle sind extrem freundlich, überlassen Ihnen in der U-Bahn sogar einen Sitzplatz, auch, wenn Sie nicht schwanger oder 80 Jahre alt sind. In Restaurants werden Sie freundlich empfangen. Besonders Damen werden wie Königinnen behandelt.

Im Jahr 2019 wurde die Stadt Wien zum 10. Mal in Folge auf Platz 1 der lebenswertesten Städte der Welt gewählt. Damit schlägt die Stadt an der Donau wahre Riesen wie Vancouver oder Melbourne. Die Menschen in Wien sind zufrieden und das merkt man auch. Auch wenn alles ein bisschen bequemer zugeht, heißt das noch lange nicht, dass „Vienna" langweilig ist und nichts zu bieten hat. So viele Sehenswürdigkeiten, die auch noch kulturell weltweit von so großer Bedeutung sind, finden Sie in kaum einer anderen deutschsprachigen Stadt. Wien müssen Sie fühlen und erleben. Am besten eine ganze Woche. Was die Stadt alles zu bieten hat? Finden Sie es in diesem Buch heraus!

Urlaub in der Donaustadt

VOR DER REISE

Wien eignet sich nicht nur für einen kurzen Wochenendtrip. Wenn Sie die Stadt wirklich erleben, sehen und fühlen wollen, sollten Sie aber etwas mehr Zeit einplanen. Am besten mindestens eine Woche. Auch, wenn Ihre Reise nach Wien nicht bis zur letzten Sekunde durch getaktet sein muss, schadet es trotzdem nicht, sich einen groben Plan für die nächsten Tage zurechtzulegen. Die Stadt bietet so viele Sehenswürdigkeiten, da kann man sich schnell mal verrennen. Viele Höhepunkte liegen geografisch eng beieinander.

Dementsprechend können Sie auch die Planung vornehmen. So können Sie einen vollen Tag für den Stephansplatz einplanen, einen für die Albertina, ebenfalls einen für die Hofburg und einen weiteren für Schloss Schönbrunn. So sind bereits vier Tage verplant und Sie haben noch gar nicht alles gesehen. Dadurch sparen Sie sich auch viele unnötige Wege zwischen den einzelnen Attraktionen, da alles in unmittelbarer Nähe vorzufinden ist. In der Innenstadt selbst sind Sie schnell zu Fuß unterwegs. Alle Sehenswürdigkeiten liegen im näheren Umkreis zueinander.

Und wie sollten Sie am besten Anreisen? Nun das kommt natürlich darauf an, woher Sie kommen und wie Ihre Vorlieben sind. Wenn Sie viel Zeit, aber nur einen kleinen Geldbeutel haben, empfiehlt sich die Anreise mit dem Fernbus. Diese ist zwar am günstigsten, dauert aber auch am längsten. Wenn es etwas schneller sein darf, dann reisen Sie lieber mit dem Zug an. Wenn Sie rechtzeitig buchen, können Sie auch hier von günstigen Angeboten profitieren.

Ihre Unterkunft muss auch nicht unbedingt in der Innenstadt sein. Achten Sie bei der Buchung am besten darauf, dass Ihr Hotel in der Nähe einer U-

Bahn oder Bushaltestelle liegt. Nahezu alle U-Bahnen fahren zum Beispiel zum Stephansplatz. So erreichen Sie schnell das Zentrum, ohne in der teuren Innenstadt residieren zu müssen.

DAS SOLLTEN SIE GESEHEN HABEN

Die Frage, was Sie denn nun eigentlich bei Ihrem Besuch in Wien gesehen haben müssen oder nicht, lässt sich gar nicht so leicht beantworten. In Wien gibt es nämlich sehr viele bekannte, besondere und teilweise einzigartige Sehenswürdigkeiten, die Sie auf keinen Fall verpassen sollten. Bekannt ist die Stadt an der Donau zum Beispiel für Ihre Fahrten mit den historischen Pferdekutschen, die auch Fiaker genannt werden. So erleben Sie die Altstadt in einem ganz besonderen Flair. Ein absolutes Muss ist der Stephansdom. Er ist das Wahrzeichen der Stadt und wird von den Einheimischen liebevoll „Steffl" genannt. Rund um den Stephansdom auf dem Stephansplatz finden Sie zahlreiche Museen und Sehenswürdigkeiten, die Sie alle in wenigen Gehminuten erreichen können. Natürlich kann dieser

Reiseführer nicht alle davon herausgreifen, sondern nur Empfehlungen an die Hand geben. Dennoch gibt es ein paar Highlights und auch Geheimtipps, die Sie auf keinen Fall verpassen sollten.

Direkt auf dem Stephansplatz finden Sie zum Beispiel das Literaturmuseum. Das gar nicht ganz so kleine Museum bietet auf drei Etagen interessante Ausstellungen rund um die Literatur in und aus Wien. Die Atmosphäre lädt regelrecht zum Schmökern ein. Unsere theaterbegeisterten Leser sollten das Theatermuseum auf gar keinen Fall verpassen. Nur wenige Gehminuten vom Literaturmuseum entfernt bekommen Sie hier alles, was Theaterherzen begehren. Ständig wechselnde Sonderausstellungen geben Ihnen einen Überblick über die darstellende Kunst in Wien mit Videos, Kleidungsstücken und vielen anderen interessanten Exponaten. Quasi direkt daneben trumpft majestätisch die Albertina auf. Historisch, aber auch modern und ansprechend, präsentiert sich das Kunstmuseum mit den größten und bedeutendsten Sammlungen seiner Art. Hier können Sie problemlos einen ganzen Tag verbringen. Picasso, Monet, Warhol – alle namhaften Künstler sind hier vertreten. Die Albertina sollten Sie unbedingt gesehen haben.

Die Stadt Wien ist auch gut 100 Jahre nach dem Ende der Monarchie noch immer geprägt von prunkvollen Schlössern und historischen Sehenswürdigkeiten. Die Habsburger Kaiserfamilie ist nach wie vor in der Stadt präsent. Besonderen Einfluss hatte und hat noch immer die vor gut 120 Jahren verstorbene Kaiserin Elisabeth, vielen besser als Sisi bekannt. Die Wiener lieben die bildschöne Kaiserin noch immer und verewigen sie auf zahlreichen Souvenirs. Wo Sie auch hinsehen, Sisi ist noch immer allgegenwärtig. Wenn Sie auch ein Fan der Kaiserin oder der Habsburger sind und das volle Sisi-Paket haben möchten, stehen sowohl Schloss Schönbrunn als auch die Hofburg ganz weit oben mit drei Ausrufezeichen und dick unterstrichen auf Ihrer Liste. In Schloss Schönbrunn, jeher Sommerresidenz der Habsburger, erhalten Sie Einblick in das Leben der kaiserlichen Familie. Nicht nur Sisi und ihr Gatte Franz Josef lebten hier, sondern auch deren Vorfahren. Das Schloss bietet viele majestätische Prunkräume und gibt Einblick in den Alltag der Adeligen, Reichen und Schönen. Das gesamte Gelände um Schloss Schönbrunn ist gespickt von Gärten und

Sehenswürdigkeiten. Planen Sie also großzügig einen ganzen Tag ein. Und vergessen Sie den Besuch der Apfelstrudelshow nicht! In der Hofburg dreht sich alles um die schöne Kaiserin Sisi und Ihre Familie. Im Sisi Museum lernen Sie die Kaiserin kennen, ihren Alltag, aber auch ihre Gefühlswelt. So haben Sie Sisi mit Sicherheit noch nie erlebt! Die Kaiserappartements geben Einblick in die Gemächer der Familie und das tägliche Leben in der Hofburg. Die Silberkammer präsentiert historisches und königliches Porzellan.

Wenn Sie sich schon in der Hofburg aufhalten, vergessen Sie nicht die Spanische Hofreitschule, den Prunksaal der Österreichischen Nationalbibliothek und die kaiserliche Schatzkammer zu besuchen.

In der Donaucity können Sie sich auf dem Prater amüsieren. Dort befindet sich auch das weltberühmte Madame Tussauds. Nicht zu vergessen ist natürlich das bekannte Wiener Riesenrad. Vom Donauturm aus genießen Sie einen einmaligen Ausblick über die gesamte Stadt und darüber hinaus.

Neben den hier genannten Sehenswürdigkeiten gibt es noch vieles mehr zu sehen. Wie wäre es denn zum Beispiel mit dem Kunsthistorischen Museum oder der Wohnung, in der einst Mozart lebte? Wie Sie sehen, hat Wien viel zu bieten. Langweile ausgeschlossen!

Sehenswürdigkeiten

STEPHANSDOM &
STEPHANSPLATZ

Der Stephansplatz ist das pulsierende Herz der Stadt und liegt geografisch ziemlich genau in der Mitte von Wien. Hier finden Sie unter anderem zahllose Einkaufsmöglichkeiten, darunter auch einen der bekannten „Manner-Läden". In Wien befindet sich der Hauptsitz des Konzerns. Die Läden bieten alles an Manner-Produkten, was das Herz begehrt. Egal, ob Vorratspackungen oder Geschenkideen, es ist für jeden etwas dabei. Absolut empfehlenswert für Liebhaber der bekannten Waffel-Schnitten! Vom Stephansplatz aus gelangen Sie ebenfalls unmittelbar zur Kärntner Straße. Mit unzähligen Geschäften ist Sie eine der größten

Einkaufsmeilen in der Innenstadt. Wenn es etwas hochpreisiger sein darf, befindet sich fast direkt am Stephansplatz das „Goldene Quartier". Neben den beiden großen Gebäudekomplexen die Luxuswohnungen und edle Stores beherbergen, stellt die Tuchlauben die edelste Einkaufsmeile von Wien dar. Dort finden sich Luxuslabels, zum Beispiel der erste und einzige Shop von Alexander McQueen in ganz Österreich oder einer der größten Louis-Vuitton-Stores in Europa. Rund um den Stephansplatz sind auch zahlreiche Sehenswürdigkeiten zu finden. Darunter das Dom Museum, das Literaturmuseum, die Albertina, die Hofburg, das Mozart-Haus und noch vieles mehr. Vom Stephansplatz aus sind Sie hervorragend an die öffentlichen Verkehrsmittel angeschlossen und gelangen von dort aus überall hin.

In der Mitte des Stephansplatzes erstreckt sich majestätisch der Stephansdom. Mit mehr als 107 Metern Länge, einer Breite von 34 Metern und vier Türmen ist er das Wahrzeichen von Wien. Für die Einheimischen gilt er als Heiligtum. Im Volksmund wird er deswegen auch liebevoll „Steffl" genannt. Der höchste Turm misst mehr als 136 Meter. Der Bau des gotischen Werkes begann im Jahr 1137. Seit

1365 wird er als Domkirche genutzt. Ein kleiner Teil des Kirchenschiffs kann kostenlos besichtigt werden. Möchte man den Domschatz oder einen der Türme besichtigen, muss gegebenenfalls Eintritt bezahlt werden.

Vergessen Sie auf keinen Fall den Besuch des Dom Museums! Hier finden Sie allerlei ausgestellte Kunstwerke. So sind beispielsweise Heiligenfiguren, Altarbilder, liturgische Geräte und Buchmalereien in der Dauerausstellung zu sehen.

Eintrittspreis: ca. 8 €

LITERATURMUSEUM

Vom Stephansplatz aus gelangen Sie in wenigen Gehminuten zum Literaturmuseum der Österreichischen Nationalbibliothek. Schon im Eingangsbereich prangt groß der Schriftzug „Literaturmuseum" mit Zitaten bekannter Autorinnen und Autoren. Literaturbegeisterte können über drei Stockwerke verteilt alles über die Geschichte der österreichischen Literatur erfahren, vom 18. Jahrhundert bis zur Gegenwart. Im Eingangsbereich erhalten Sie zusätzlich Infomaterialien zu den einzelnen Ausstellungen.

Daneben besteht die Möglichkeit, das Museum interaktiv mit einem Tablet zu erkunden. Dieses gibt es kostenfrei zum Eintrittspreis dazu.

Die Museums-Tablets bieten diverse Funktionen. Dazu zählt zum Beispiel ein Überblick über die Dauerausstellung, freie Rundgänge, eine Schreibwerkstatt und die Möglichkeit, nach Schriftstellerinnen und Schriftstellern passend zur Dauerausstellung zu recherchieren. Darüber hinaus erhalten Sie auch englischsprachige Angebote und vieles mehr. Vom Eingang aus beginnen Sie den Rundgang, auch ohne Tablet, im dritten Stock – demnach von oben nach unten. Im dritten Stock finden Sie die regelmäßig wechselnden Sonderausstellungen.

Die derzeitige Ausstellung „Wien. Eine Stadt im Spiegel der Literatur" beleuchtet Wien als Szenarium in verschiedenen literarischen Werken. Neben verschiedenen Exponaten und Schriftstücken finden Sie hier auch Videoausschnitte, Podcasts sowie Plakate und zahlreiche Illustrationen. Besonderes Augenmerk liegt hierbei auf dem Filmklassiker „Der dritte Mann", der nicht nur in Wien spielt, sondern auch dort gedreht wurde.

Nach der Besichtigung der Sonderausstellung

setzen Sie Ihren Rundgang mit der Dauerausstellung fort, welche die Vielseitigkeit der österreichischen Literatur beleuchtet. Im zweiten Stockwerk beginnt die Literatur ab dem 18. Jahrhundert und endet im ersten Stock mit gegenwärtiger sowie zeitgenössischer Literatur. Der Aufbau der Dauerausstellung erinnert stark an einen enorm großen Buchladen.

Die einzelnen Bereiche sind wie Bücheregale aufgebaut und über kleine Durchgänge miteinander verbunden. So entsteht eine ganz besondere Atmosphäre, in der die Literaturgeschichte Wiens nicht nur spürbar, sondern auch greifbar wird. In den großräumigen Ecken laden kleine Hocker und gemütliche Ohrensessel zum Stöbern und Verweilen ein. Zwei Besonderheiten der Dauerausstellung sind dabei besonders hervorzuheben: zum einen der „Krimi-Bereich". Hier werden Krimis von Wiener Autoren sowie Wien als Schauplatz des Verbrechens thematisiert. Besonderes Augenmerk liegt auch hier wieder auf dem Klassiker „Der dritte Mann". Plakate, leuchtende Schilder und Exponate werden dabei von der passenden Musik untermalt.

Das zweite Highlight ist die Mini-Ausstellung zu Franz Kafka. Dem Autor wurde ein eigener kleiner

Bereich gewidmet. Auch wenn Kafka kein gebürtiger Wiener war, hat er sich zu Lebzeiten mehrfach in der Stadt an der Donau aufgehalten. Mit ihm schließt die Ausstellung ab. Die einzigartige Atmosphäre macht das Literaturmuseum auch für Lesemuffel zu einem besonderen Erlebnis.

Eintrittspreis: ca. 7 €

THEATERMUSEUM

Nicht weit vom Literaturmuseum entfernt gelangen Sie fußläufig ins Theatermuseum der Stadt Wien. Falls Sie Interesse an darstellender Kunst haben, ist dieses Museum ein absoluter Geheimtipp. Im historischen Palais Lobkowitz erstreckt sich das Museum über mehrere Etagen.

Allein das Gebäude, in dem das Theatermuseum beheimatet ist, stellt sich als enorm geschichtsträchtig heraus. Der barocke Stadtpalast wurde im Jahr 1683 erbaut. Im Laufe der Zeit gelangte das Bauwerk im Jahr 1745 in den Besitz der Familie Lobkowitz. Diese waren große Verehrer von Ludwig van Beethoven. Dieser ist mehrmals im festlichen Eroica-Saal aufgetreten. Das Palais gelangte schließlich in die Hände der Stadt Wien, die dort 1991 feierlich das Theatermuseum eröffnete.

Das Museum selbst hat seinen Ursprung in der Theatersammlung der Österreichischen National-bibliothek, die 1922 gegründet wurde und bis in die Barockzeit zurückreicht. Durch den Ankauf namhaf-ter Sammlungen wuchs der Bestand zu einer der wichtigsten und bedeutendsten theaterwissen-schaftlichen Sammlungen heran. Das Theatermu-seum selbst wurde bereits 1975 gegründet. Damals hatte es jedoch lediglich die Aufgabe, die Materialien aus der Theatersammlung der Österreichischen Na-tionalbibliothek auszustellen. Erst mit der Eröffnung des Theatermuseums 1991 wurden die Bestände der Nationalbibliothek mit den Museumsbeständen zusammengefasst. Später wurden auch die Bestände des Wiener Staatsopernmuseums in das Theatermu-seum überstellt. Somit entstand eine Sammlung von nationaler und internationaler sowie wissenschaft-lich großer Bedeutung.

Das Theatermuseum selbst hat keine typische Dauerausstellung im Repertoire, die die historischen Bereiche des Theaters und der darstellenden Künste grob abdeckt. Vielmehr können Sie hier halbjährlich bis jährlich wechselnde Ausstellungen zu verschiedenen Themenbereichen und Aspekten bewundern. Welche Ausstellungen derzeit oder künftig zu bestaunen sind, erfahren Sie auf der Website des Theatermuseums.

Die Sonderausstellung „Die Spitze tanzt. 150 Jahre Ballett an der Wiener Staatsoper" fand zum 150-jährigen Jubiläum des Wiener Balletts an der Staatsoper statt. In dieser kleinen, jedoch liebevoll gestalteten, Ausstellung wurden zahlreiche Fotografien, Zeichnungen, Exponate wie Spitzenschuhe oder Kostüme, einzelne Balletttänzerinnen und Tänzer sowie längere Film- und Videoausschnitte ausgestellt. Eine weitere Ausstellung „Alles tanzt. Kosmos Wiener Tanzmoderne" die zeitgleich zu sehen war, befasste sich mit dem modernen Tanz im ersten Drittel des 20. Jahrhunderts. Im Obergeschoss findet sich zudem noch eine dauerhafte Ausstellung mit Bühnenformen als Modell.

Dabei wurden Theaterbühnen sowie Kulissen und teilweise ganze Theatergebäude als Modell nachgebaut. Dies geschah damals, um Lichtverhältnisse, Drehbühnen und die Position der Schauspieler nachzustellen und daraus Erkenntnisse für die

Inszenierung des jeweiligen Stücks zu ziehen.

Die Sammlungen des Theatermuseums gehören zu den bedeutendsten in ihrem Bereich. Einige Beispiele für diese Sammlungen sind unter anderem: Bühnenbildmodelle, Figuren, Fotografien, Gemälde, Handschriften oder Kostüme. Neben den wechselnden Ausstellungen und Sammlungen bietet das Theatermuseum zusätzlich ein reichhaltiges Programm für Schulen, Familien und Erwachsene. Dazu zählen zum Beispiel: Theaterworkshops, Führungen, Expertengespräche, Fortbildungen, Kultur-Café, Veranstaltungen zu den Sonderausstellungen und noch vieles mehr. Ein Besuch lohnt sich also.

Zusätzlich inkludiert ist eine öffentlich zugängliche Bibliothek mit einem Bestand von ca. 100.000 Medien. Neben Bücher gehören auch Zeitschriften, Theaterzettel und Manuskripte zum Bestand. Dieser deckt fast das gesamte Spektrum der darstellenden Künste ab. Die meisten Medien sind Dauerleihgaben der Österreichischen Nationalbibliothek. Die Bestände sind vor Ort nutzbar. Eine Ausleihe ist nicht möglich.

Neben den Ausstellungen, Sammlungen und der Bibliothek verfügt das Theatermuseum noch über

Werkstätten für Textil- und Papierrestaurierung. Zudem ist es in Forschungsprojekte involviert. Das Theatermuseum in Wien hat viel zu bieten und sollte für Theater-, Tanz- und Schauspielbegeisterte unbedingt einen Besuch wert sein.

Eintrittspreis ca. 12 €

ALBERTINA

In unmittelbarer Nähe zum Theatermuseum finden Sie das Kunstmuseum Albertina. Dieses beherbergt die bedeutendsten Kunstsammlungen der Welt. Selbst Kunstmuffel werden von den Ausstellungen und Sammlungen regelrecht gefesselt.

Die Albertina selbst befindet sich im Palais des Erzherzogs Albrecht. Albert Casimir Herzog von Sachsen-Teschen war Schwiegersohn der damaligen Kaiserin Maria Theresia und war auch bekannt als Albrecht Kasimir August Ignaz Pius Franz Xaver von Sachsen. Er und seine Gattin Maria Christina, die den Rufnamen Christina bevorzugte, lebten seinerzeit in der habsburgischen Residenz, die heute das Albertina Museum beheimatet. Im Laufe der Jahrzehnte baute sich Albert, gemeinsam mit seiner kunstsinnigen Ehefrau, eine der bedeutendsten und wichtigsten Kunstsammlungen weltweit auf. Sie verfügt über ca. 14.000 Zeichnungen und 200.000 Druckgrafiken. Dazu gehören unter anderem bekannte Werke von Dürer, Rubens und Michelangelo. Aus dieser Sammlung entstand die Albertina. Der etwas eigenwillige Name des Kunstmuseums ist eine Zusammenführung der beiden Vornamen es Ehepaars Sachsen-Teschen, Albert und Christina. Aufgrund der hohen Lichtempfindlichkeit der grafischen Sammlung kann diese nicht in einer Dauerausstellung dargeboten werden. Die einzelnen Stücke sind dann in jeweiligen Sonderausstellungen zu bewundern. Neben den Zeichnungen und Druckgrafiken des herzoglichen Ehepaars enthält die Kunstsammlung der Albertina zusätzlich Malereien, Skulpturen, Fotografien sowie architektonische Zeichnungen.

Derzeit präsentiert die Albertina in Wien mehrere, regelmäßig wechselnde, Sonderausstellungen und eine Dauerausstellung. Die Dauerausstellung: „Munch Chagall Picasso. Die Sammlung Batliner" wurde vom mittlerweile verstorbenen Kunstsammler Herbert Batliner im Jahr 2007 an die Albertina gestiftet. Die darin enthaltenen Werke gehören zu den bedeutendsten Kunstsammlungen auf dem Gebiet der klassischen Moderne in Europa.

Vertreten sind die Kunstrichtungen Impressionismus, Postimpressionismus, Deutscher Expressionismus (Die Brücke, Der Blaue Reiter) sowie die Neue Sachlichkeit. Darunter auch viele bekannte Werke wie „Seerosen" von Claude Monet, „Der Schrei" von Edvard Munch oder „Die blauen Pferde" von Franz Marc. Nicht zu vergessen sind die Werke des bekannten Wiener Malers Gustav Klimt. Dazu zählen beispielsweise „Der Kuss" und „Die Nixen". Die letzten Räume und somit den Abschluss der Ausstellung bilden die Werke des spanischen Malers Pablo Picasso. Von seinen Anfängen in der Malerei über die späten Werke des Malers bis hin zu seltenen Druckgrafiken lassen sich zahlreiche Werke des Künstlers bewundern. Nehmen Sie sich Zeit und lassen Sie die Schönheit sowie den Facettenreichtum der einzelnen Bilder auf sich wirken.

Bis zu Beginn dieses Jahrs wurden in einer Sonderausstellung die Werke von Albrecht Dürer dargeboten. Zum ersten Mal seit einem Jahrzehnt wurde ein so umfangreicher Bestand in dieser Fülle der

Öffentlichkeit präsentiert. Von den Gemälden und Grafiken zählten zu den bekanntesten Beispielen „Der Feldhase" oder „Flügel".

Neben den künstlerischen Exponaten können Sie zusätzlich noch 20 klassizistische Prunkräume der ehemaligen Habsburger Residenz entdecken. Die Räume und das prunkvolle Interieur wurden aufwendig restauriert. Es lohnt sich, einen Blick in die Gemächer der Reichen und Schönen zu werfen. Da fühlt man sich gleich ein wenig blaublütig!

Geheimtipp: Sie haben nach dem Besuch der Albertina immer noch nicht genug und wollen die volle Packung Kunst? Dann statten Sie doch mal der „Albertina modern" einen Besuch ab. Nach drei Jahren Sanierung, Restaurierung und Modernisierung öffnet das neue Museum für Moderne Kunst ab März 2020 seine Pforten. Auf 2000 qm Ausstellungsfläche werden über 60.0000 Werke von mehr als 5000 Künstlerinnen und Künstlern ausgestellt. Darunter zählen auch Werke von Andy Warhol, Hundertwasser und vielen weiteren Künstlern. Mit der Eröffnung der „Albertina modern" wird die erste Ausstellung: „THE BEGINNING. Kunst in Österreich 1945 bis 1980" zu sehen sein.

Vor und während des Besuchs der Albertina gibt es noch das eine oder andere zu beachten. Was Sie im Vorfeld wissen sollten, fasst die nachfolgende Checkliste kurz für Sie zusammen:

Checkliste:

• **Bringen Sie Zeit mit!** Die Albertina ist groß. Und zwar wirklich groß. Das Museum erstreckt sich über mehrere Etagen mit vielen umfangreichen Ausstellungen und zusätzlich den 20 Prunkräumen. Wenn Sie gerne alles davon sehen möchten, planen Sie am besten einen ganzen Tag dafür ein. **Tipp:** Mittwoch & Freitag ist die Albertina bis jeweils 21 Uhr geöffnet.

• **Taschen müssen ins Schließfach!** Taschen, ob groß oder klein, müssen in den Schließfächern verstaut und dürfen nicht in die Ausstellungen mitgenommen werden. Halten Sie dafür am besten ein 2 €-Stück bereit. Ihr Smartphone dürfen Sie natürlich mitnehmen. Ob Fotos, grundsätzlich ohne Blitz, gemacht werden dürfen, erfahren Sie auf den Hinweisschildern oder vom Personal. Die Schließfächer sind selbstverständlich jederzeit zugänglich. Ihr Ticket kaufen Sie bereits vorher.

- **Leichte Jacke nicht vergessen!** Nehmen Sie sich am besten eine leichte Jacke in die Ausstellung mit oder ziehen Sie diese direkt an, auch wenn es draußen warm ist. Viele Bilder mögen es nicht gerne zu warm und bevorzugen mildere Temperaturen um die 18 bis 20 Grad. Da kann es im T-Shirt oder Sommerkleid schnell ein wenig kühl werden.

- **Für Essen & Trinken ist gesorgt!** In der Albertina selbst gibt es auch ein Café-Restaurant. Hier werden typische Spezialitäten und Süßspeisen der Wiener Küche serviert.

- **Andenken bekommen Sie im Shop!** Wie nahezu jedes Museum verfügt auch die Albertina über einen Museums-Shop. Wie wäre es denn zum Beispiel mit einem Magnet mit dem Motiv von Dürers bekanntem Feldhasen? Oder einem Schlüsselanhänger mit Klimts berühmten „Der Kuss"?

Wenn Sie diese Hinweise beachten, kann bei Ihrem Albertina-Besuch nichts mehr schiefgehen!

Eintrittspreis: ca. 17 €

Alles rund um Sisi

DIE SCHÖNE KAISERIN

Wir alle kennen sie: die schöne Kaiserin Elisabeth, zeitlebens nur Sisi genannt. Sie verkörperte das Schönheitsideal der damaligen Zeit. Sie galt als Ikone und Rebellin. Doch bevor sie Kaiserin von Österreich und Königin von Ungarn wurde, verbrachte sie ihre Kindheit mit den zahlreichen Geschwistern in ihrer Geburtsstadt München und auf dem Landsitz der Familie in Possenhofen. Sie selbst entstammt dem Geschlecht des Herzogtums von Bayern. Elisabeths Mutter Ludovika war die Schwester der Erzherzogin Sophie, die Mutter des späteren Kaisers Franz Joseph I. Im Alter von 18 Jahren bestieg der noch unverheiratete Franz

Joseph den Thron. Nachdem Erzherzogin Sophie mehrere gescheiterte Versuche unternommen hatte, ihren Sohn standesgemäß zu verheiraten, verliebte dieser sich auf der Feier seines 23. Geburtstages in seine damals 15-jährige Cousine Elisabeth. So nahm die bekannteste Liebesgeschichte des 19. Jahrhunderts ihren Lauf und der Kult um die geheimnisvolle Kaiserin wurde geboren. Noch heute ist Wien geprägt von der Habsburger Dynastie und Kaiserin Elisabeth. Rund um Sisi gibt es Schloss Schönbrunn und die Hofburg zu bewundern, die als ganzer Sisi Museumskomplex fungiert. Die Hofburg enthält das Sisi Museum, die Kaiserappartements und die Silberkammer. Hier können Sie nahezu alle Geheimnisse von Kaiserin Sisi entschlüsseln. Wer nun denkt, es ginge hierbei lediglich um die Historie und dröge Fakten, liegt falsch! Es geht nicht nur um das Leben der Kaiserin, sondern auch um ihre Gefühlswelt und ihre Marotten. Begeben Sie sich auf eine spannende Entdeckungsreise rund um den Sisi-Mythos.

Spar-Tipp: Am günstigsten wird es mit dem Sisi-Ticket. Darin sind die Grand-Tour mit Audioguide in Schloss Schönbrunn, das Sisi Museum, die Kaiserappartements, die Silberkammer, das Hofmobiliendepot sowie das Möbelmuseum Wien inkludiert. Das Sisi Ticket ist ab dem Ausstellungsdatum ein Jahr gültig. Sie müssen also nicht alle Sehenswürdigkeiten an einem Tag besuchen, sondern können alles ganz bequem über ein Jahr verteilen. **Das Sisi-Ticket kostet für Erwachsene 34 € und für Kinder 21 €.** Die Ersparnis liegt bei 15 €.

SCHLOSS SCHÖNBRUNN

Das Schloss Schönbrunn war der Wohnsitz des Kaiserpaares Franz Josef und Elisabeth sowie ihren Kindern, fungierte aber lediglich als Sommerresidenz der Habsburger. Im Winter wich die Familie auf die Hofburg aus. Es sei unmöglich gewesen, Schloss Schönbrunn an kalten Wintertagen zu beheizen. Die Geschichte des heute prächtigen Schlosses geht bis ins 14. Jahrhundert zurück und war zunächst unter dem Namen Katterburg bekannt. Mitte des 16. Jahrhunderts ging das Anwesen dann in habsburgischen

Besitz über. Mittlerweile gehört das Schloss der Republik Österreich. Schönbrunn und die dazugehörige Gartenanlage sind zudem offiziell als Weltkulturerbe der UNESCO gelistet.

Nicht nur das Schloss selbst, sondern das gesamte Anwesen mit der riesigen Gartenanlage und zahlreichen Schauplätzen ist eine Sehenswürdigkeit an sich. Wenn Sie gerne das Schloss und das gesamte Gelände besichtigen möchte, sollten Sie auf alle Fälle einen ganzen Tag einplanen. Das Anwesen ist zu umfangreich, um alle Attraktionen zu erwähnen. Sie erhalten einen kleinen Auszug des verfügbaren Angebots.

Besichtigung Schloss Schönbrunn
Hauptattraktion ist natürlich die Besichtigung des kaiserlichen Schlosses. Grundsätzlich wird zwischen zwei verschiedenen Touren unterschieden: der Imperial-Tour und der Grand-Tour. Die etwas kleinere Imperial-Tour umfasst 22 Räume und dauert ca. 35 Minuten. Die etwas teurere Grand-Tour umfasst 40 Räume und dauert ca. 60 Minuten. Zu jeder Führung erhalten Sie einen Audioguide, der bereits im Preis inkludiert ist. Der Guide führt Sie durch die jeweiligen Räume und gibt Ihnen die entsprechenden

Informationen dazu. Über den Zeremoniensaal, den kaiserlichen Badezimmern bis hin zu den einzelnen Schlafzimmern können Sie alles über den Alltag im habsburgischen Schloss erfahren. Die prunkvollen Räume sind mit riesigen Gemälden, antiken Möbeln und anderen Kostbarkeiten versehen. Insgesamt verfügt das Schloss über 1400 Zimmer. Die Tickets für die jeweiligen Touren können Sie zuvor bereits online kaufen oder an der Kasse vor Ort. **Achtung:** Ihr Ticket ist auf eine genaue Uhrzeit ausgeschrieben. Das Schloss ist ein Touristen-Hotspot und dementsprechend kann es ganz schön voll werden. Damit Sie die Touren genießen können und sich nicht durch die einzelnen Räume drängen müssen, werden die Besucher in zeitlichen Intervallen eingelassen. Wenn Sie Ihr Ticket an der Kasse kaufen, kann es durchaus sein, dass Sie noch eine Stunde warten müssen, bevor Sie ins Schloss dürfen. Vorher bekommen Sie keinen Einlass. Beim Online-Kauf können Sie die Uhrzeit selbst festlegen und den Tag auf dem Anwesen besser planen. Fotografieren im Schloss ist leider grundsätzlich nicht erlaubt! **Geheimtipp:** Übrigens gibt es im Schloss auch ein Kindermuseum mit viele Attraktionen und Angeboten. Schauen Sie doch mit Ihren Kleinen mal vorbei!

Eintrittspreis: Imperial-Tour ca. 18 € / Grand-Tour ca. 22 €

Schlossgarten

Der riesige Schlossgarten des Anwesens hat nicht weniger zu bieten als das Schloss selbst. Wie wäre es denn zum Beispiel mit einem Besuch im Irrgarten, während Sie auf den Einlass im Schloss warten? Sie können sich aktiv ins Labyrinth stürzen oder von der Aussichtsplattform die Schönheit der Gärten mit den zahllosen Pflanzen bewundern. Neben dem Labyrinth gibt es noch zahlreiche Brunnen, eine Orangerie mit Weingarten, diverse Denkmäler, eine kleine Gloriette und die große Gloriette. Das Taubenhaus aus der Mitte des 18. Jahrhunderts bietet verschiedenen österreichischen Taubenarten ein Zuhause. Die Wiener Fluggansel ist die älteste Taubenrasse. Im Palmenhaus finden Sie eine Vielzahl exotischer Pflanzen. Kleiner Fakt am Rande: Wussten Sie, dass das Palmenhaus über drei Klimazonen verfügt? Das und noch vieles mehr gibt es im Schlossgarten zu entdecken. **Achtung:** Für die meisten dieser Sehenswürdigkeiten muss zusätzlich Eintritt bezahlt werden! Die Kosten sind nicht in dem Ticket für die

Schlossführungen inkludiert!

Tiergarten

Wenn Sie noch Zeit haben oder mit Kindern unterwegs sind, vergessen Sie nicht den Tiergarten zu besuchen. Der naturwissenschaftlich interessierte Kaiser Franz I. ließ Mitte des 18. Jahrhunderts eine Tiergartenanlage bauen, die im Laufe der Jahrhunderte immer stärker gewachsen ist. Der Tierpark bietet alles, was das Herz begehrt. Von Vögel-, Affen- und Rattenhäusern über Aquarien, das Polarium und die Eisbärenwelt bis hin zu Löwen, Tigern und Elefanten. Daneben gibt es noch zahlreiche, spannende Erlebnisse für Groß und Klein. Ein Highlight sind die Tierfütterungen. Zu festgelegten Uhrzeiten können sich die Besucher an bestimmten Gehegen versammeln und dort bei der Fütterung der Tiere zusehen. Beispielsweise bei der Fütterung der Koalas. Nebenbei erzählen die Tierpfleger etwas über die Tiere und ihren Lebensraum.

Eintrittspreis: ca. 20 €

Geheimtipp: Sie lieben frischen Apfelstrudel und wollten schon immer wissen, wie Sie diese süße Mehlspeise perfekt zubereiten? Dann besuchen Sie doch die Apfelstrudel-Show im Café-Restaurant Residenz & der Hofbackstube Schönbrunn. Zu jeder vollen Stunde wird hier gestrudelt, was das Zeug hält. Das Café selbst bietet köstliche Torten und Mehlspeisen von der Karte oder aus der Vitrine an. Weiter unten im Keller widmet man sich dem Apfelstrudel. Beim Einlass bekommen Sie bereits ein frisches Stück der duftenden Mehlspeise, das Sie in der Backstube verzehren können. Dann geht's los! Der Konditor erklärt auf Deutsch oder Englisch, wie ein perfekter Apfelstrudel zubereitet wird. Der dünne Teig, die leckere Füllung und sogar das Einrollen des Strudels mit einem Handtuch wird fachkundig vorgeführt. Wenn Sie Glück haben, dürfen Sie dem Konditor sogar zur Hand gehen und bekommen dafür das Apfelstrudel-Diplom! Die Show dauert ungefähr 20 Minuten.

Eintrittspreis: ca. 12 €

Übrigens: Wenn Sie auf dem Anwesen um Schloss Schönbrunn unterwegs sind, fahren Sie doch einfach mal mit der Panoramabahn. Diese fährt in Intervallen von 45 Minuten. Mit knapp 15 km/h fährt die Bahn ca. 50 Minuten lang über das gesamte Gelände. So können Sie entweder bequem zu Ihrem nächsten Ziel fahren und dort Aussteigen oder sitzen bleiben und die Rundfahrt mit allen Sehenswürdigkeiten genießen.

HOFBURG

Die Hofburg im Herzen Wiens war ab dem 13. Jahrhundert im Besitz der Habsburger. Kaiser Franz Josef und seine Gemahlin Kaiserin Elisabeth nutzen die Hofburg als Hauptwohn- und Regierungssitz. Die Hofburg besteht aus mehreren zusammenhängenden Gebäudekomplexen. Der älteste Teil ist der Schweizertrakt. Dieser Teil wurde immer wieder erweitert, bis schlussendlich die heutige 24 Hektar große Hofburg entstand. Mittlerweile befinden sich neben den zahlreichen Museen die Spanische Hofreitschule, Teile der Nationalbibliothek, der Amtssitz des Bundespräsidenten und noch viele weitere Einrichtungen in dem riesigen Gebäudekomplex

Geheimtipp: Vor dem Haupteingang der Hofburg finden Sie Wiens berühmte Pferdekutschen, auch Fiaker genannt. Seit dem 18. Jahrhundert haben die Kutschfahrten durch Wien Tradition. Die Altstadt hautnah aus dieser Perspektive zu erleben, ist etwas ganz Besonderes. Je nach Länge der Strecke, liegt der Preis zwischen 40 bis 80 €.

Highlights der Hofburg sind natürlich die Museen rund um die Kaiserin Sisi. Dazu zählen das Sisi Museum, die Kaiserappartements und die Silberkammer. Die Museen sind als Gebäudekomplex konstruiert. Sie fangen einfach beim Sisi Museum an und gehen dann direkt weiter zu den anderen beiden Museen.

SISI MUSEUM

Ihre Liebesgeschichte mit Franz Josef, ihre unkonventionelle Lebensweise und ihr tragischer Tod schürten den Mythos um die Kaiserin, der bis heute fest mit Wien verbunden ist. Doch wie war Sisi eigentlich? War Sie tatsächlich so schwierig, wie ihr nachgesagt wurde? Oder wurde sie zeitlebens bloß missverstanden? Wer war diese Sisi wirklich? All diesen Fragen widmet sich das Sisi Museum.

Im Museum sind über 300 Exponate ausgestellt. Von ihren Gedichten über Schirme, Fächer, Handschuhe und Schönheitsrezepten bis hin zu ihrem Milchglas samt Reiseschatulle, der Reiseapotheke und dem originalen Totenschein. Zudem gibt es viele prachtvolle Kleider zu bestaunen. Dazu gehört zum Beispiel das prunkvolle, ungarische Krönungskleid.

Das Leben der Kaiserin selbst ist zu komplex, um es in Gänze aufzuzeigen. Ein kleiner Ausschnitt gibt Ihnen jedoch einen Vorgeschmack auf das, was Sie erwartet.

Elisabeth wuchs unbeschwert in München und Possenhofen am Starnberger See auf. Die Eltern übernahmen die Erziehung der Kinder selbst. Nach der Verlobung mit ihrem Cousin Franz Josef stand die zuvor unbekannte Sisi plötzlich im Fokus der Öffentlichkeit. Das streng reglementierte Leben am Wiener Hof war für die junge Kaiserin zeitlebens eine große Bürde. Sie lehnte das Protokoll und die starren höfischen Regeln stets ab. Da der Kaiser keine Einmischung seiner Frau in die Politik duldete, verbrachte sie ihre Zeit mit dem Schreiben von

Gedichten, Reisen und ihrer Schönheitspflege. Kaiserin Sisi gilt nach wie vor als eine der schönsten Monarchinnen in der Geschichte. Sie ist seither bekannt für ihren ausgedehnten Schönheitskult.

Die Kaiserin litt zeitlebens unter Magersucht und Essstörungen. Sie unterzog sich regelmäßig Hungerkuren, um ihr Gewicht zu halten und drillte ihren Körper mit mehreren Stunden Sport täglich. Bei einer Körpergröße von 1,72 m wog sie gerade einmal knapp 50 Kilogramm. Besonders stolz war Sisi jeher auf ihre Wespentaille, die einen Umfang von gerade einmal 47 cm betragen haben soll. Ihre bodenlangen Haare mussten täglich zwei bis drei Stunden frisiert werden. In dieser Zeit erlernte sie mehrere Sprachen. Nach ihrem 30. Geburtstag wollte die Kaiserin nicht mehr portraitiert werden, um der Nachwelt als junge Schönheit in Erinnerung zu bleiben. Nach dem Selbstmord ihres Sohnes Rudolph verfiel Sisi in eine Depression.

Seither trug sie nur noch schwarze Kleidung und Trauerschmuck. Im Alter von 60 Jahren wurde sie in Genf von einem Attentäter ermordet. Dieser stieß ihr eine Feile ins Herz. Zunächst bemerkte die Kaiserin gar nichts davon und dachte, es handle sich um einen Faustschlag. Nach 10 Minuten brach sie jedoch auf einem Schiff zusammen und starb an den Folgen der Verletzungen. Wenige Tage vor ihrem Tod soll die Kaiserin gesagt haben: „Ich wünschte, meine Seele könnte durch eine ganz kleine Öffnung in meinem Herzen in den Himmel entgleiten". Später wurde dies als Vorahnung der Kaiserin interpretiert. Ihr tragischer Tod machte sie zum Mythos. Kaiser Franz Josef nannte sie auch über ihren Tod hinaus seine „Engels-Sisi".

KAISERAPPARTEMENTS

Sie wollten schon immer mal wissen, wie Könige und Kaiser privat gelebt haben? Wo sie aßen, schliefen, arbeiteten und ihre Freizeit verbrachten? Sobald Sie Ihren Rundgang durch das Sisi Museum beendet haben, gelangen Sie von dort aus direkt zu den Kaiserappartements. Hier können Sie hautnah erleben, wie die Habsburger ihrer Zeit residierten. Der Rundgang mit entsprechendem Audioguide erstreckt sich über 24 Räume. Darunter sind sowohl die privaten Gemächer von Franz Josef, seiner Gattin Elisabeth und deren Kindern als auch offizielle Räumlichkeiten zum

Arbeiten und für Empfänge. Highlights sind zum Beispiel das Turn- und Toilettenzimmer, in dem die Kaiserin ihren Schönheits- und Körperkult pflegte. Ebenso bemerkenswert ist ihr Badezimmer. Dort befindet sich eine delfinförmige Toilette.

SILBERKAMMER

Die letzte Station Ihrer Reise durch die Welt von Sisi und somit auch der Habsburger ist die Silberkammer. Diese erreichen Sie direkt nach Ihrem Besuch der Kaiserappartements. Die ehemalige Hofsilber- und Tafelkammer in Wien zeigt eine Sammlung von wertvollem Silber-, Bronze-, Glas- und Porzellangeschirr. Dazu sind noch Koch- und Backutensilien aus der Hofküche zu bestaunen. Mit mehr als 7000 Stücken auf einer Fläche von 1300 qm bekommen Sie einen umfassenden Einblick in die höfische Tafelkultur der Habsburger. Zu Beginn des 20. Jahrhunderts gingen die Bestände der Silberkammer in den Besitz des österreichischen Staates über. Einige Stücke werden zum Teil noch heute für besondere politische Anlässe genutzt. Die Silberkammer hält ein paar spezielle Highlights bereit. Zu nennen wäre beispielsweise das Vermeil-Service. Dabei handelt es sich um ein englisches Speiseservice aus der Manufaktur Minton, das insgesamt 4.500 Teile umfasst. Das Silber wurde feuervergoldet und wiegt mehr als eine Tonne. Ein weiterer Blickfang ist der 30 Meter lange Tafelaufsatz der Firma Luigi Manfredini. Ebenfalls zu sehen ist eine umfangreiche Sammlung von chinesischem und japanischem Imari-Porzellan mit aufwändigen Silbermontierungen. Das Dessertservice der Firma Milton mit unglasierten Biskuitfiguren besteht aus 116 Teilen. Das Porzellan ist allerdings so fragil, dass es nicht für den Gebrauch verwendet werden kann.

Rund um die Hofburg

SPANISCHE HOFREITSCHULE

Die österreichische Landeshauptstadt Wien ist nicht nur bekannt für ihre klassische Musik und die Oper, sondern auch für die klassische Reitkunst. Die Spanische Hofreitschule gehört zu den bekanntesten Reitschulen der Welt. Zunächst diente die heutige Hofreitschule zur reiterlichen Ausbildung der Kaiserfamilie. Ab der Mitte des 16. Jahrhunderts nahm die Reitschule ihre Anfänge mit einer offenen Reit- und Turnierbahn. Im Jahr 1729 wurde schließlich mit dem Bau der Winterreitschule in der Hofburg begonnen. Der Name

Spanische Hofreitschule rührt übrigens von der Pferderasse, die seit jeher dort ausgebildet wird.

Die Lipizzaner Pferde stammen von der iberischen Halbinsel. Zudem geht diese klassische Reitkunst auf die in Spanien praktizierte Reitkunst zurück. Ausgebildet werden ausschließlich Hengste, da diese sich durch ihren Körperbau besser für die Quadrille eignen als Stuten. Die Stallungen der Hengste befinden sich ebenfalls in der Hofburg. Die Ausbildung der Pferde und der Bereiter nehmen viele Jahre in Anspruch. Die meist noch grauen Junghengste, die erst im Laufe der Jahre weiß werden, benötigen 10 Jahre für eine komplette Ausbildung und das Beherrschen der einzelnen Küren.

Die Bereiter selbst genießen ebenfalls verschiedene Ränge und werden über mehrere Jahre ausgebildet. Die hochgradigen Bereiter erhalten einen eigenen Hengst, den Sie trainieren dürfen. Die Spanische Hofreitschule legt sehr viel Wert auf die klassische Reitkunst der Renaissancetradition der "Hohen Schule" und wurde 2010 als UNESCO Weltkulturerbe aufgenommen. Sie ist die älteste Reitschule der Welt und bildet die klassische Reitkunst aus, wie sie seit Jahrhunderten gepflegt wird.

Als Besucher haben Sie verschiedene Möglichkeiten, die Hofreitschule näher kennenzulernen. Neben diversen Vorführungen oder einem geführten Rundgang können Sie auch als Zuschauer an der Morgenarbeit teilnehmen. Die Morgenarbeit beinhaltet das tägliche Training und das Bereiten der Hengste. Zu sehen ist dies täglich – außer sonntags und montags – von jeweils 10.00 bis 12.00 Uhr. Dabei können Sie die Hengste in verschiedenen Ausbildungsstufen beobachten. Zum einen gibt es die oft noch grauen Junghengste sowie auch die ausgebildeten weißen Schulhengste.

Die Darbietung der ausgebildeten Hengste wird auch „Ballett der weißen Hengste" genannt. Gezeigt werden in der Morgenarbeit unter anderem: Lockerungsübungen, verschiedene Gänge wie Galopp-Pirouetten oder Galoppwechsel, der „Tanz" der Pferde, die Schule über der Erde und auch die Schulquadrille, die als schwerste und längste Lektion in der klassischen Reitkunst gilt. Während der Morgenarbeit erhalten Sie über eine Stimme aus dem Off Informationen über die Reitkunst, die einzelnen Übungen sowie ebenfalls über die Geschichte der Reitschule. Filmen und fotografieren ist während der 2-

stündigen Vorstellung nicht erlaubt. Auch wenn Sie sich nicht übermäßig für Pferde interessieren, ist ein kleiner Auszug der klassischen Reitkunst mehr als sehenswert.

Eintrittspreis: ca. 15 €

PRUNKSAAL DER ÖSTERREICHISCHEN NATIONALBIBLIOTHEK

Wenn Sie in und rund um die Hofburg unterwegs sind, dann sollten Sie unbedingt den Prunksaal der Österreichischen Nationalbibliothek besuchen. Der prachtvolle Prunksaal gehört zu den größten und schönsten Bibliothekssälen Europas. Der durch und durch barocke Saal wurde im 18. Jahrhundert erbaut und beherbergte einst die Wiener Hofbibliothek. Auf einer Länge von rund 80 m und 20 m Breite erstreckt sich der historische Altbestand. Dieser umfasst mehr als 200.000 historische Bände aus der Zeit zwischen dem 16. und 19. Jahrhundert. Ein Bestand von ca. 15.000 Bänden umfasst die Sammlung des Prinzen Eugen von Savoyen, seinerzeit Feldherr und Kunstsammler. Zudem ist hier der weltweit größte

Bestand von Martin Luthers Schriften zu finden. Neben etlichen ausgestellten Büchern gehören auch mehrere barocke venezianische Prachtgloben mit einem Durchmesser von einem Meter zu dem beeindruckenden Repertoire. Diese zeigen sowohl die Erde als auch den Himmel.

Viele Werke stellen die Wissenschaft zur Zeit des Mittelalters dar. Das hohe Alter der einzelnen Werke und der Reichtum des gesammelten Wissens versetzt selbst den größten Büchermuffel in ein andächtiges Staunen. In der Mitte des Prunksaals befindet sich eine Statue des römisch-deutschen Kaisers Karls VI., der damals den Bau der Hofbibliothek in Auftrag gegeben hatte.

Optische Höhepunkte sind die Fresken, welche die gesamte hohe Decke zieren. Die Szenen der Fresken stellen Kriegs- und Friedenszeiten, Reichtum und Wohlstand der Habsburger dar. Der Prunksaal der Österreichischen Nationalbibliothek ist einfach nur majestätisch, bemerkenswert und wunderschön. Lassen Sie sich verzaubern von der Schönheit und der Pracht dieses historischen Raumes. Setzen Sie sich einen Moment hin, genießen Sie die Stille und lassen Sie den barocken Saal mit den Büchern und dem gespeicherten Wissen auf sich wirken.

Eintrittspreis: ca. 8 €

KAISERLICHE SCHATZKAMMER

Im Schweizertrakt, dem ältesten Teil der Hofburg, befindet sich die Kaiserliche Schatzkammer. Die Ausstellung enthält unschätzbar wertvolle sowie seltene Exponate und gehört somit zu den bedeutendsten Sammlungen ihrer Art weltweit. Unterteilt ist die Ausstellungsfläche in die Weltliche und die Geistliche Schatzkammer.

Die Weltliche Schatzkammer beherbergt nicht nur den Kronschatz, sondern ebenfalls den Burgunderschatz mit dem Erbe des Ordens vom Goldenen Vlies, dem Zeremoniell von Kaiserhof, den Insignien des Heiligen Römischen Reiches, den Insignien des Kaisertums Österreichs, Stücke des Erzherzogtums Österreichs sowie zahlreiche Juwelen und Schmuck. In der Weltlichen Schatzkammer sind zudem ein paar ganz besondere Stücke zu finden. Dazu zählen auch zwei auffällige Kronen. Zum einen die Reichskrone des Heiligen Römischen Reiches: Sie stammt aus der zweiten Hälfte des 10. Jahrhunderts und diente zur Krönung von Kaisern des damaligen Reiches. Die Krone enthält neben den zahlreichen Juwelen auch biblische Andeutungen. Zum anderen die Österreichische Kaiserkrone, die zu Beginn des 17. Jahrhunderts eigens für Kaiser Rudolf II. angefertigt wurde. Zu den wertvollen ausgestellten Juwelen gehört auch einer der größten Smaragde der Welt.

Im österreichischen Hausschatz der Habsburger befinden sich ebenfalls zwei „unveräußerliche Erbstücke". Gelegentlich sind zur damaligen Zeit zum Teil Stücke des Schatzes verkauft worden, um zum Beispiel Kriege finanzieren zu können. Die „unveräußerlichen Erbstücke" wurden als derart selten und wertvoll angesehen, dass die Erben per Gesetz den Verkauf einzelner Stücke verbieten ließen, damit diese für immer im Haus Österreich bleiben. Bei diesen besonderen Erbstücken handelt es sich um ein Ainkhürn und eine Achatschale.

Ein Ainkhürn ist, wie man heute weiß, der riesige Stoßzahn eines Narwals. Im Mittelalter wurde dieser für das Horn eines Einhorns gehalten, dem magische sowie heilende Kräfte nachgesagt wurden. Damals zählte das Ainkhürn zu den kostbarsten Materialien überhaupt. Das zweite Erbstück, die

Achatschale, stammt vermutlich aus dem 4. Jahrhundert. Aufgrund einer rätselhaften Inschrift, die sich später als Marmorierung der Schale herausstellte, brachte man sie mit Jesus Christus in Verbindung. Aufgrund dessen sah man diese fälschlicherweise als den Heiligen Gral an.

In der Geistlichen Schatzkammer sind hauptsächlich religiöse Reliquien wie Kleidungsstücke, Altäre, Andachtsbilder, Kelche, Kreuze des Katholizismus und der Gegenreformation zu finden. Auch hier gibt es wieder besondere Highlights wie mehrere Kaseln oder das Gebetsbuch von Kaiser Ferdinand II.

Das Museum der Kaiserlichen Schatzkammer bietet viele Möglichkeiten für Führungen an, darunter viele Angebote für Kinder. Zudem führt das Museum regelmäßig Forschungsprojekte durch.

Eintrittspreis: ca. 12 €

Prater & Donaucity

PRATER

Der Wiener Prater ist ein großes Areal in der Donaucity. Teil des Areals ist der Wurstelprater, der oft auch nur Prater genannt wird. Der Wurstelprater ist ein bekannter Vergnügungspark, der bereits im 18. Jahrhundert eröffnet wurde. Viele nostalgische Fahrgeschäfte verleihen dem Vergnügungspark ein besonderes Flair. Sie finden hier alles, was das Herz begehrt: Geister- und Achterbahnen, Karussells und vieles mehr. Der Zutritt zum Park selbst ist kostenfrei. Bezahlt wird an den einzelnen Fahrgeschäften. Highlight des Parks ist natürlich das bekannte Wiener Riesenrad. Im Jahr 1891 wurde es zur Feier des 50-jährigen

Thronjubiläums von Kaiser Franz Josef I. gebaut. Nach einem Brand 1944 wurde das Riesenrad 1947 wieder in Betrieb genommen. Am höchsten Punkt können Sie in fast 65 m Höhe eine spektakuläre Aussicht über den gesamten Prater und Teile Wiens genießen.

Eintrittspreis: ca. 12 €

Direkt hinter dem Eingangstor des Wurstelpraters befindet sich auch das berühmte Wachsfigurenkabinett Madame Tussauds. Auf mehr als 2000 qm Ausstellungsfläche können Sie über 80 Wachsfiguren bewundern. Highlight ist die 200 qm große „Sisi-Welt" die 2017 eröffnet wurde. Hier soll interaktiv ein Tag und die Gefühlswelt im Leben der Kaiserin dargestellt werden. Gearbeitet wird dabei mit hochmoderner 3D-Technik und verschiedenen Gerüchen. Als Besucher haben Sie das Gefühl, hautnah dabei zu sein. Das Anfassen der Figuren ist übrigens erlaubt. Für unvergessliche Fotos liegen bei den einzelnen Figuren viele Requisiten bereit.

Eintrittspreis: ca. 17 €

Außerhalb des Vergnügungsparks gibt es auch noch viel mehr zu sehen. Zum Beispiel das Prater Museum, das Hundertwasser Haus oder den

Donauturm.

DONAUTURM

Haben Sie schon einmal ein Stück Apfelstrudel oder Sachertorte in 160 Metern Höhe gegessen? Nein? Dann wird es höchste Zeit! Der Donauturm steht im Herzen des idyllischen Donauparks. Im Jahr 1964 eröffnet, ist er mit einer Höhe von 252 m das größte Bauwerk Österreichs. Jährlich strömen mehr als 450.000 Besucher in das beliebte Bauwerk, um dort den einzigartigen Ausblick zu genießen. Der Turm selbst verfügt über zwei Aussichtsplattformen, dem Turm-Café und dem Turm-Restaurant.

Wer Probleme mit Höhe hat und lieber am Boden bleibt, kann auch am Boden des Turms im Donaupark flanieren. Im Donau-Café können Sie Ihre Mehlspeise, einen Salat, ein herzhaftes Hauptgericht oder einen prickelnden Sekt mit sicherem Boden unter den Füßen genießen. Im Donau-Bräu können Sie sich herzhafte Speisen, leckere Drinks und natürlich ein kühles Bier schmecken lassen. Besonderes Highlight ist hierbei das Turmbier. Bei schönem Wetter können Sie sogar im dazugehörigen Biergarten Platz nehmen. Sie hätten zu Ihrem Besuch gerne ein schönes Erinnerungsstück oder ein passendes Mitbringsel für die lieben Freunde und Verwandten? Dann werden Sie im Donau-Shop fündig. Hier gibt es alle erdenklichen Souvenirs rund um den Donauturm.

Falls Sie sich doch lieber in die Höhe begeben wollen, wird es auch im Donauturm nicht langweilig. Mit dem Fahrstuhl gelangen Sie in ca. 35 Sekunden zu den übereinanderliegenden Aussichtsterrassen. Diese befinden sich jeweils in 150 m und 155 m Höhe und sind zum Teil verglast. Der Ausblick auf Wien und über die Grenzen der Stadt hinaus ist einfach atemberaubend! Sie können auf den runden Plattformen die ganze Stadt überblicken. Auf 170 m Höhe finden Sie das Turm-Restaurant. Dort werden herzhafte Klassiker der Wiener Küche aufgetischt. Das Besondere: Das Restaurant dreht sich um die eigene Achse. Während Sie sich Ihr Wiener Schnitzel schmecken lassen, können Sie zeitgleich ganz Wien und die Landschaft über die Stadtgrenzen hinaus genießen. Ein kleines Stück weiter unten auf 160 m Höhe befindet sich noch das Turm-Café. Auch dieses dreht sich langsam um 360 Grad. Hier findet sich alles, was das Herz von Naschkatzen begehrt. Strudel,

Sachertorte, diverse Kuchen und Torten sowie die bekannten Wiener Mehlspeisen. In einer Entfernung von 160 m bis zum Boden, dem unbestreitbar einzigartigen Ausblick und dem liebevollen Ambiente, schmeckt der Apfelstrudel doch einfach doppelt so gut!

Kaufen Sie Ihr Ticket am besten vorher im Onlineshop. Zwar können die Tickets auch direkt im Donauturm erworben werden, die Schlange an der Kasse kann jedoch sehr lang sein. In diesem Fall müssen Sie Wartezeiten in Kauf nehmen.

Eintrittspreis ca. 14,50 €

Liebe geht durch den Magen

DIE WIENER ESSKULTUR

In kaum einer anderen deutschsprachigen Stadt wird Gastronomie so gelebt und geliebt wie in Wien. Die dortige Esskultur war im Laufe der Geschichte zahlreichen kulinarischen Einflüssen unterworfen und geht auf verschiedene Ursprünge zurück. Ausgangspunkt der Wiener Küche waren zunächst die italienische und die französische Küche. Geprägt wurde die Esskultur zusätzlich zum einen von Zuwanderern, aber auch sehr stark von den angrenzenden Ländern, wie zum Beispiel Ungarn, Polen und Böhmen. Besonders der ungarische Einfluss lässt sich an den zahlreichen Varianten des wienerischen Gulaschs erkennen. Die Wiener verstehen jedoch nicht nur etwas von Gastronomie, sondern auch von exzellentem Service. Hier zählt einzig und allein, dass der Gast glücklich und zufrieden ist. „Der Kunde ist König" wird hier großgeschrieben.

In den traditionellen Lokalitäten werden Gäste, auch ohne Reservierung, stets freundlich empfangen. Dass die Wiener viel Wert auf hervorragenden Service legen, ist schon durch das Auftreten der Kellnerinnen und Kellner deutlich spürbar. Die Bedienungen sind immer adrett, geradezu makellos, gekleidet. Wenn es etwas rustikaler sein darf, sind die Servicekräfte meist in Tracht, demnach Lederhose oder Dirndl anzutreffen. In den feineren Kaffeehäusern hingegen sind Anzug und Krawatte für das Servicepersonal meist Pflicht. Die weiblichen Angestellten tragen in der Regel einen Hosenanzug mit Blazer. Insbesondere Damen werden von den Kellnern besonders umgarnt und wertgeschätzt. Lassen Sie es sich als Frau nicht entgehen, mit Ihren Freundinnen in Wien ein traditionelles Lokal zu besuchen. Sie werden sich wie eine Königin fühlen. Da gibt man doch gerne Trinkgeld.

Aber was ist denn nun eigentlich typisch für die Wiener Küche? Eines der wohl bekanntesten Gerichte aus der Hauptstadt Österreichs ist das über die Landesgrenzen hinaus berühmte Wiener Schnitzel. Was dem Italiener die Pasta, dem Russen der Borschtsch und dem Deutschen das Sauerkraut ist, ist für den Wiener das Schnitzel. Dabei wird ein dünnes Kalbsschnitzel in einer Panade gewälzt und anschließend in Fett ausgebacken. Serviert wird der Fleischfladen traditionell mit Erdäpfelsalat oder Bratkartoffeln. Ob das panierte Schnitzel nun wirklich aus Wien stammt, oder nicht, ist bis heute umstritten. Dennoch haben die Wiener die Zubereitung perfektioniert.

Das Schnitzel gilt in der Donaustadt als Heiligtum. Beim Schnitzel „Wiener Art" wird, im Gegensatz zum Original, anstelle des teureren Kalbfleisches, günstigeres Schweinefleisch verwendet, was in Deutschland oftmals üblich ist. Zwar ist diese Variante etwas kostengünstiger als das Original, jedoch nicht so zart und geschmackvoll. Nur wenn die gebackene Fleischscheibe mit Kalbfleisch zubereitet wurde, darf sich diese „Wiener Schnitzel" nennen. Für die Zubereitung eines perfekten Wiener

Schnitzels gibt es in Wien vier goldene Regeln:

1. Verwende Kalbfleisch oder hochwertiges Schweinefleisch
2. Die Panade muss selbst gemacht sein, um am besten mit einer eigenen Note, bspw. Gewürzen, verfeinert werden.
3. Ein Schnitzel wird IMMER in der Pfanne ausgebacken – niemals in der Fritteuse.
4. Das Schnitzel muss unter ständigem Schwenken ausgebacken werden. Nur so schlägt die Panade die bekannten „Wellen", wird besonders luftig und das Fleisch extra zart.

Mit diesen ungeschriebenen Gesetzen genießen Sie das perfekte Wiener Schnitzel. Neben dem bekannten Schnitzel wird in Wien auch leidenschaftlich gerne Gulasch gegessen. Das Gulasch schwappte damals aus Ungarn über. Mittlerweile gibt es dort viele eigene Varianten des Fleischeintopfs. In traditionellen Wirtshäusern wird dieser sogar im Brotlaib serviert. Das Auge isst bekanntlich mit. Weitere Spezialitäten sind der Tafelspitz mit Kren (gekochtes Rindfleisch mit Meerrettich), Kasnockerl (Verwandter der Käsespätzle), Wurst- sowie Kartoffelspeisen.

Neben den traditionellen Wirtshäusern verfügt Wien auch über eine alteingesessene und in der Form auch einzigartige Kaffeehaus-Kultur. Die Wiener sind wahre Süßmäuler. Bekannt sind diese vor allem für Ihre Mehlspeisen. Einige Beispiele hierfür sind: Kaiserschmarrn mit Zwetschgenröster, Apfelstrudel, Topfenpalatschinken, Topfenstrudel, Salzburger Nockerl, Buchteln, Milchrahmstrudel und noch viele mehr. Jede Mehlspeise blickt auf eine lange Tradition zurück. Die teilweise aufwendigen Zubereitungen sind eine Kunst für sich. Jedes Kaffeehaus hat seine eigenen Rezepte für die hausgemachten Spezialitäten. Die Kaffeehäuser gehören zu Wien wie die Oper oder der Stephansdom und sind über die Grenzen der Stadt hinaus bekannt. Viele Kaffeehäuser sind gehobener, die Servicekräfte tragen feine Anzüge und sind stets adrett. Lassen Sie sich vom gehobenen Ambiente aber nicht abschrecken. Die Kundschaft ist meist touristisch oder gut bürgerlich. Es gibt keinen Dresscode. Einfach hereinkommen und wohlfühlen ist hier das Motto.

Wenn Sie kein Fan von Mehlspeisen sind, wie wäre es dann mit einem Stück Kuchen oder einer

Praline? Auch hier werden Sie in den Kaffeehäusern fündig. Naschkatzen finden hier alles an süßen Leckereien, was das Herz begehrt. Eine der bekanntesten Süßspeisen dürfen Sie dabei natürlich nicht vergessen. Die Rede ist von der berühmten Sachertorte. Was dem Münchner die Prinzregententorte ist dem Wiener die Sachertorte. Seit fast 200 Jahren ist sie ein unumstößliches Markenzeichen der Stadt.

Dabei handelt es sich um eine Schokoladentorte, die mit Aprikosen- oder Marillenmarmelade aufgeschichtet und anschließend mit Schokolade überzogen wird. Traditionell wird der leckere Kuchen mit Schlagobers (dem österreichischen Wort für Schlagsahne) serviert. Es gibt bisher kein einheitliches Rezept für Sachertorte. Der Kuchen schmeckt also überall ein bisschen anders – jedoch nicht weniger lecker. Das ursprüngliche Rezept sowie die Erfindung des braunen Kuchens gehen auf die Familie Sacher, Betreiber des luxuriösen Hotels Sacher und des Café Sacher zurück, die das Backwerk seit jeher für sich beanspruchen.

In Wien ist die Geschichte altbekannt: Im Jahr 1832 empfing der österreichische Staatskanzler Fürst Klemens Wenzel von Metternich Gäste. Für diesen feierlichen Anlass wies er den Koch seiner Hofküche an, ein neues Dessert zu kreieren. Da der Koch an diesem Tag jedoch krank war, musste der 16-jährige Kochlehrling Franz Sacher ran. Er erschuf das ursprüngliche Rezept der Sachertorte, welches später von seinem Sohn in der Hofzuckerbäckerei Demel vollendet wurde. Dies mündete in einem jahrelangen Rechtsstreit zwischen dem Hotel Sacher und der Hofzuckerbäckerei Demel, wer nun Schöpfer der originalen Sachertorte ist. Schlussendlich bekam das Hotel Sacher den Zuspruch. Ausschließlich das Hotel bzw. das Café Sacher darf das Dessert unter der Bezeichnung „Original Sachertorte" verkaufen. Nach wie vor ist die Sachertorte das berühmteste Dessert Wiens.

GASTRONOMISCHE HIGHLIGHTS

Nun wissen Sie über die Wiener Esskultur bestens Bescheid. Aber wo bekommt man denn nun das bekannte Wiener Schnitzel, die Mehlspeisen oder die berühmte Sachertorte? Gastronomische Höhepunkte in Wien gibt es viele. Doch es gibt die eine oder andere Lokalität, die besonders heraussticht. Diese vier gastronomischen Highlights müssen Sie in Wien besuchen:

Herzhaft:

Figlmüller.

Das gut bürgerliche Lokal Figlmüller soll nicht nur die berühmtesten, sondern auch die leckersten Schnitzel in ganz Wien haben. Mittlerweile gibt es vier Lokale. Seit 1905 werden hier in fünfter Generation Schnitzel gebraten. Hunger sollten Sie auf jeden Fall mitbringen, denn die dünnen Fleischfladen sind ca. 30 cm groß. Dazu wird Erdäpfel-Vogerlsalat gereicht. Das Schnitzel gibt es sowohl vom Schwein als auch vom Kalb. Da das Lokal immer voll ist, sollten Sie neben dem Hunger auch noch etwas Zeit mitbringen. Ohne Reservierung müssen Sie sich in die sehr lange Schlange vor dem Lokal einreihen. Als

Vegetarier sollten Sie das Figlmüller eher meiden. Auf der gesamten Karte gibt es nur zwei vegetarische Gerichte. Hier fällt die Portionsgröße im Vergleich zu den Schnitzeln eher klein aus.

12 Apostelkeller

Ein absolutes Muss ist der 12 Apostelkeller in der Nähe des Stephansdoms. Das Lokal verfügt über drei Geschosse, die bis zu 18 m in die Tiefe reichen. Das Ambiente des ehemaligen Brunnenkellers stammt aus dem Jahre 1339. Die hohen, gewölbten Steinwände erhalten durch die warme Beleuchtung und die an den Decken befestigten Lichterketten einen ganz besonderen Charme. Die Atmosphäre des Lokals ist urig einmalig, einfach nur gemütlich. Der 12 Apostelkeller bietet österreichische Spezialitäten aus authentisch wienerischen Zutaten mit regionalen Weinen an. Hier gibt es, was das Herz begehrt. Von Schnitzel über typisch österreichische Spezialitäten bis hin zu Mehlspeisen und zur Sachertorte ist wirklich für jeden etwas dabei. Auch eine kleine Auswahl an extra ausgewiesenen vegetarischen Gerichten ist vorhanden. Eine kleine Gruppe Musiker sorgt für die musikalische Untermalung.

Geheimtipp: Probieren Sie bei Ihrem Besuch unbedingt den köstlichen Erdbeerwein. Süffig, fruchtig, einfach lecker!

Süß:

Café Central

Das Café Central ist seit 150 Jahren ein weiteres Stück Tradition in der Wiener Altstadt. Im Palais Ferstel auf der Herrengasse befindet sich ein Kaffeehaus, in dem einst große Dichter und Denker zusammenkamen. Im Jahr 1876 eröffnet, fungierte das Café Central als literarischer und intellektueller Treffpunkt großer Persönlichkeiten. Alfred Polgar, Adolf Loos, Sigmund Freud, Alfred Adler, Hugo von Hofmannsthal, Arthur Schnitzler, Stefan Zweig und noch viele weitere bekannte Namen hielten bereits Einzug ins Café Central. Der Wiener Dramatiker Alfred Polgar schrieb unter anderem über das Café Central Sätze wie: „Das Central ist nämlich kein Caféhaus wie andere Caféhäuser, sondern eine Weltanschauung. [...] Das Café Central liegt unterm Wienerischen Breitengrad am Meridian der Einsamkeit. Seine Bewohner sind größtenteils Leute, deren Menschenfeindschaft so heftig ist wie ihr Verlangen nach

Menschen, die allein sein wollen, dazu Gesellschaft aber brauchen." Noch immer versprüht das Kaffeehaus ein einzigartiges, literarisches Flair. Die Location ist in Gold-Farben gehalten, die mit violetten Bänken und Stühlen untermalt wird. Das Personal ist adrett und fein gekleidet. Neben der besonderen Atmosphäre des Café Central gibt es auch kulinarische Spezialitäten. Dazu gehören Salate & Snacks, Suppen, vegetarische & vegane Gerichte, Wiener Spezialitäten sowie hausgemachte Wiener Mehlspeisen. Zudem gibt es noch ein reichhaltiges Angebot an Kuchen und Desserts aus der Glastheke, die sich als Zentrum in der Mitte des Cafés befindet. Alles wird in der eigenen Patisserie von Hand hergestellt.

Allerdings heißt es auch hier wieder: etwas Geduld mitbringen. Das Café Central ist ein Touristenmagnet und die Schlange vor dem Eingang kann durchaus sehr lang werden. Wartezeiten sind also vorprogrammiert. Bessere Chancen hat man in kleinen Gruppen von vier Personen. Zu zweit oder gar allein muss man mitunter länger warten.

Geheimtipp: Probieren Sie unbedingt den „Mohr im Hemd." Ein politisch zwar nicht ganz korrekt bezeichnetes, aber dennoch köstliches Dessert. Dabei handelt es sich um einen kleinen Gugelhupf-artigen Schokoladenkuchen. Dieser wird jedoch nicht gebacken, sondern im heißen Wasser pochiert. Anschließend wird er mit Schokoladensoße übergossen und mit Schlagobers garniert. Im Café Central wird dieser zusätzlich mit einer Kugel Eis serviert. Ein Genuss!

Café Sacher

Natürlich können Sie die österreichische Hauptstadt nicht verlassen, ohne ein Stück der „Original Sachertorte" probiert zu haben. Mit diesem Prädikat darf seit jeher nur das Hotel Sacher für die berühmte Torte werben. Das Café Sacher öffnet direkt im luxuriösen Hotel Sacher in der Nähe der Staatsoper seine Pforten. Einst schuf der 16-jährige Kochlehrling Franz Sacher das Grundrezept für das bekannte Dessert und sein Sohn perfektionierte es. Die Sachertorte selbst gibt es mit leicht unterschiedlichen Rezepturen. Aber das Original gibt es eben nur im Café Sacher. Das Lokal selbst ist komplett in den Farben Rot und Weiß gehalten. Die hohen Decken sowie die edle Beleuchtung schaffen eine gehobene und zugleich gemütliche Atmosphäre. Ein echtes Wiener Kaffeehaus eben! Durchzogen wird das Café von roten Stühlen und gepolsterten Bänken. Neben Süß- und Mehlspeisen hält die Speisekarte auch ein paar wenige Hauptgerichte und Kleinigkeiten bereit.

Auch hier ist ohne Reservierung vor dem Eingang wieder mit längeren Wartezeiten zu rechnen. Währenddessen können Sie jedoch Ihren Blick über die umwerfende Wiener Staatsoper gleiten lassen. Und noch etwas gibt es zu beachten: Wie so oft hat Qualität auch hier ihren Preis. Das Café eines 5-Sterne Hotels ist natürlich nicht ganz billig. Ein Stück Original Sachertorte mit Schlagobers kostet im Schnitt 7,50 €. Wer noch einen Kaffee oder ein Heißgetränk dazu verzehren möchte, ist sehr schnell bei 20 € angekommen. Für ein Stück Kuchen und eine Tasse Kaffee ist dies natürlich recht happig und demnach nichts für den kleinen Geldbeutel. Die originale Sachertorte ist jedoch tatsächlich etwas Besonderes und den gehobenen Preis auf alle Fälle wert!

Insidertipps

EFFIZIENT UNTERWEGS

Wie kommen Sie in Wien am besten von A nach B? Die schlechteste Methode ist wohl, sich während Ihrer Reise mit dem Auto fortzubewegen. Fußgängerzonen und Parkplatzsuchen sind mit dem Auto einfach wenig sinnvoll. In der Innenstadt, beispielsweise auf dem Stephansplatz, sind Sie am besten zu Fuß unterwegs. Dort liegen alle Hotspots recht nah beieinander. Ist die Strecke dann doch mal etwas weiter, können Sie natürlich auch eine U-Bahn nutzen. Das U-Bahn-Netz in Wien ist sehr gut ausgebaut.

Es geht aber noch besser. Vielleicht kennen Sie die meist roten oder gelben Doppeldecker-

Reisebusse, die in vielen Großstädten weltweit zu finden sind? Auch in Wien gibt es ein großes Netz mit sogenannten Hop-On-Hop-Off-Touren. Wie das funktioniert? Ganz einfach! Es handelt sich dabei kurz gesagt um Stadtrundfahrten, die durch verschiedene Viertel Wiens führen.

Die Busse fahren jeweils im 30-Minuten-Takt an speziell dafür vorgesehenen Haltestellen ab. Danach geht es auf verschiedenen Routen an den jeweiligen Sehenswürdigkeiten vorbei. Der Audioguide im Bus erzählt entlang der gesamten Route, welches Gebäude Sie nun genau sehen und gibt interessante Fakten zur Gegend und zur Geschichte. Kopfhörer erhalten Sie im Bus. Die Routen dauern in der Regel jeweils eine Stunde. Sie können die gesamte Route befahren und die Stadtrundfahrt mit den entsprechenden Informationen genießen.

Es besteht aber auch die Möglichkeit, jederzeit aus- und wieder zuzusteigen. Wenn Sie sich also gerne Schloss Schönbrunn ansehen wollen, fahren Sie mit der dazugehörigen Linie und steigen einfach direkt vor dem Schloss aus. Danach können Sie wieder in den Bus einsteigen und die Rundfahrt fortsetzen oder zu einer anderen Sehenswürdigkeit weiterfahren. Sie können auch die Routen während der Fahrt wechseln und in einen anderen Bus einsteigen. So gelangen Sie schnell zu den besten Attraktionen, ohne mit den öffentlichen Verkehrsmitteln fahren zu müssen und sehen ganz nebenbei noch viel von der Stadt. Theoretisch können Sie sich so in ganz in Wien bewegen und brauchen kein Ticket für den ÖPNV. Das Hop-On-Hop-Off-Ticket gibt es für einen, zwei und drei Tage. **Die Kosten liegen zwischen 30 € bis 54 €, je nach Laufzeit.** Welche Route wohin fährt, entnehmen Sie der Website, den Haltestellen und dem praktischen Faltplan. Damit Sie sich aber schon im Vorfeld ein Bild machen können, sind die Routen kurz zusammengefasst nachzulesen:

Rote Linie – Prachtbauten der Ringstraße: Innenstadt, Hofburg Stephansdom, Staatsoper, Kunsthistorisches Museum, Parlament, Rathaus, Burgtheater u. v. m.

Gelbe Linie – Schloss Schönbrunn & Schloss Belvedere, Schlosspark

Blaue Linie – Donaucity: Kunsthaus Wien, Hundertwasser Museum, Wiener Prater, Donauturm

Grüne Linie – Natur & Wein: Weindorf Grinzing, Kahlenberg, Täler

Im Ticketpreis inkludiert ist auch ein geführter Stadtrundgang, eine Bootsfahrt über die Donau, ebenfalls mit verschiedenen Routen, oder eine Rundfahrt mit der Vienna Ring Tram.

Wenn Sie sich mehrere Tage in Wien aufhalten und so viel wie möglich von der Stadt sehen möchten, sind die Hop-On-Hop-Off-Touren ein absoluter Profitipp!

Spar-Tipps

WAS KOSTET WIEN?

Zugegeben: Wien gehört nicht unbedingt zu den günstigsten Pflastern im deutschsprachigen Raum. Auch wenn die Mietpreise nicht so explodieren wie in München, kann die österreichische Hauptstadt preislich dennoch gut mit München mithalten. Außerhalb der Prachtstraße gibt es in Wien natürlich auch Einkaufsmöglichkeiten für den kleineren Geldbeutel. Etwas teurer ist die Gastronomie, besonders die Touristenhotspots. Da zahlt man für ein Schnitzel Wiener Art schon mal 16 € oder 7,50 € für ein Stück Sachertorte. Auch die einzelnen Sehenswürdigkeiten haben alle ihren Preis. Besonders Schönbrunn kann mit all den

Attraktionen, die allesamt Eintritt kosten, schnell teuer werden. Aber hier lässt sich auch enorm viel Geld sparen. Besonders günstig wird es mit dem Vienna Pass. Mit dem Vienna Pass genügt ein Budget von 50 € täglich, wenn Sie einmal essen gehen. Die folgenden Seiten geben Ihnen ein paar wertvolle Spar-Tipps, damit Sie ohne schlechtes Gewissen Ihren Urlaub genießen können.

VIENNA CITY CARD

Eine Möglichkeit, in Wien Geld zu sparen, haben Sie mit der Vienna City Card. Diese gibt es in vier verschiedenen Ausführungen. Die „normale" Basis City Card bietet:

- Kostenlose Nutzung der öffentlichen Verkehrsmittel innerhalb Wiens
- Vorteile bei Sehenswürdigkeiten und Museen
- Kinder bis 15 Jahre können kostenlos mitgenommen werden

Zusätzlich besteht die Möglichkeit, die City Card entweder mit Flugtransfer und / oder mit einem 24h

Ticket für die Hop-On-Hop-Off-Busse zu buchen. In vielen Museen und Sehenswürdigkeiten erhalten Sie vergünstigten Eintritt. Sie sparen im Schnitt pro Sehenswürdigkeit 3 € vom Eintrittspreis. Die Vienna City Card gibt es mit einer Laufzeit von 24h / 48h / 72h. Die Preise variieren zwischen 46 € und 72 € bei einer Laufzeit von drei Tagen.

VIENNA PASS

Noch günstiger wird es mit Vienna Pass. Damit erhalten Sie keinen vergünstigen Eintritt, sondern sogar kostenlosen Eintritt zu über 60 der bekanntesten Sehenswürdigkeiten. Alle hier genannten Sehenswürdigkeiten, mit Ausnahme des Theatermuseums, sind im Vienna Pass inkludiert. Ebenfalls enthalten ist zum Beispiel auch die Apfelstrudelshow, die Prater-Bahn oder die Panorama-Bahn in Schloss Schönbrunn und noch vieles mehr. Und das war noch nicht alles: Zusätzlich im Vienna Pass inbegriffen sind auch die Hop-On-Hop-Off-Busse, die Vienna Ring Tram, der geführte Stadtrundgang und selbst die Bootsfahrt auf der Donau.

Vienna Pass kurz & bündig:

- Kostenloser Eintritt für über 60 Museen und Sehenswürdigkeiten.
- Freie Nutzung der Sightseeing Busse inkl. Bootsfahrt etc.
- Kein Anstehen! Mit dem Vienna Pass müssen Sie nicht lange am Ticketschalter warten und können gleich zum Eingang durchgehen.

Ein Ticket für die öffentlichen Verkehrsmittel ist allerdings nicht inbegriffen und muss extra bezahlt werden. Den Vienna Pass gibt es als Plastikkarte mit kostenlosem Reiseführer oder, wer es lieber bequemer mag, einfach mobil per App, auch offline auf dem Handy. Sie müssen nicht am Ticketschalter anstehen. Der Code wird gescannt und dann geht es los. Sie können jede Sehenswürdigkeit einmal besuchen. Die Laufzeit des Vienna Passes beginnt ab dem ersten Einscannen. Das bedeutet, dieser wird erst aktiviert, wenn Sie auch wirklich Ihre erste Sehenswürdigkeit besuchen. Wenn Sie also am ersten Reisetag nicht gleich den Pass nutzen, müssen Sie keine Angst haben, dass dieser dann einen Tag seiner Gültigkeit verliert.

Den Vienna Pass gibt es mit einer Laufzeit von:

- 1 Tag – 79 €
- 2 Tage – 99 €
- 3 Tage – 129 €
- 6 Tage – 159 €

Spar-Tipp: Beim Vienna Pass gibt es hin wieder Rabatte von 10 %. Wenn Sie sich zum Newsletter anmelden, sind Sie immer auf dem Laufenden und erhalten den Vienna Pass so besonders günstig.

Sie finden die Preise für den Vienna Pass etwas happig? Zugegeben auf den ersten Blick sieht das schon ziemlich teuer aus. Am meisten lohnt sich der Pass natürlich für die längste Laufzeit von 6 Tagen, weil er dort am günstigsten ist und Sie dann die meiste Zeit haben, alle Sehenswürdigkeiten und Vorteile zu nutzen. Um alle in diesem Reiseführer genannten Sehenswürdigkeiten zu besuchen, benötigen Sie ca. eine Woche, demnach den Vienna Pass für 6 Tage. Rechnen Sie es gerne einmal durch.

Wenn Sie alle hier genannten Sehenswürdigkeiten mit allen Panorama-Bahnen im Prater oder Schönbrunn und 6 Tagen Hop-On-Hop-Off-Bussen einzeln bezahlen, kommen Sie auf insgesamt über 300 €. Und selbst wenn Sie die Sightseeing-Busse gar nicht nutzen möchten, müssen Sie für alles in allem noch immer über 200 € einzeln bezahlen. Sie können also zwischen 40 € und 140 € sparen!

Wien? Warum nicht?

*V*ienna waits for you": Diese vier magischen Worte sang Billy Joel in einem seiner Lieblingssongs. In dem Lied geht es darum, einfach mal runterzukommen und dass man nicht all seine Lebensziele in kurzer Zeit erreichen muss. Einfach mal die Hektik des Alltags hinter sich lassen und ganz entspannt das Leben genießen. Wenn es nach Billy Joel geht, kann man das nirgendwo besser als in Österreichs Hauptstadt Wien. Eine Großstadt, die die Ruhe vom Land bietet, aber auch die Erlebnisse einer Metropole. Kaum eine andere Stadt bietet so viel Kultur. Museen, soweit das Auge reicht, mit weltweit einzigartigen und bedeutenden Sammlungen und Stätten berühmter Dichter, Denker und Musiker wie Beethoven, Franz Kafka oder Mozart. Die traditionelle Wiener Küche mit den leckeren Süß- und Mehlspeisen lässt einem das Wasser im Mund zusammenlaufen. Mit vielen Wanderwegen, Weinfeldern und Parks an der Donau bietet die Großstadt auch viel Natur. Das Stadtbild ist geprägt von historischen Bauwerken. Der Einfluss der Habsburger und das Leben der schönen Kaiserin Sisi ist noch heute allgegenwärtig. Es muss nicht unbedingt Sonne, Strand und Meer sein. Entspannen Sie doch einfach mal im gemütlichen Wien.

Packliste

Geld & Finanzen

O (evtl.) Auslandswährung

O Bargeld

O Bauchtasche

O Brustbeutel

O Bauchtasche

O EC-Karte

O Kreditkarte

O Notfall-Telefonnummern der Banken

O Portmonee

Hygiene

O Haarbürste / Kamm

O Deo (klein)

O Shampoo

O Kulturtasche

O Sonnencreme

O Taschentücher

O Reise-Zahnbürste und Zahnpasta
O Verhütungsmittel

Kleidung

O Badeklamotten
O Gürtel
O Hosen kurz / lang
O Mütze / Cap / Hut
O Pullover
O Regenjacke
O Schlafanzug
O Socken
O Sonnenbrille
O Sportklamotten / Jogginghose
O T-Shirts
O Unterwäsche

Medikamente

O Blasenpflaster
O Anti-Durchfalltabletten
O Erste-Hilfe-Set

O Fiebertabletten

O Fiebertabletten

O Mückenschutz

O sonstige Medikamente

O Pflaster

O Kopfschmerztabletten

Unterlagen & Papiere

O ADAC Unterlagen

O Adresslisten für Postkarten

O Krankversicherungsnachweis

O Stadtplan

O Führerschein

O Unterlagen für die Unterkunft

O Wasserdichte Hülle für Reiseunterla-
gen

O Impfausweis

O Mietwagenunterlagen

O Personalausweis

O Reisepass

O Reisetagebuch

O evtl. Studentenausweis

O evtl. Visum
O Zug- / Bahn- / Flugticket

Taschen & Rucksäcke

O Koffer / Trolley / Reisetasche
O Regenhülle für Rucksack
O Rucksack

Schuhe

O Badeschlappen / Hausschuhe
O Schuhe und Wechselschuhe

Sonstiges

O Brille / Kontaktlinsen und Etui
O Buch zum Lesen
O Ohrenstöpsel und Schlafmaske
O Regenschirm
O Reisedecke
O Wasserflasche
O Wörterbuch

Elektronik

O Digitalkamera
O Handy
O Ladekabel
O Kopfhörer
O evtl. Steckdosenadapter
O Power-Bank

Herstellung und Verlag:

BoD – Books on Demand, Norderstedt

ISBN: 9783750493032

1. Auflage

Kontakt: Psiana eCom UG/ Berumer Str. 44/ 26844 Jemgum

Covergestaltung: Fenna Larsson

Coverfoto: depositphotos.com